LA

RENCONTRE IMPRÉVUE,

BALLET-PANTOMIME EN UN ACTE.

LA
RENCONTRE IMPRÉVUE,

BALLET-PANTOMIME EN UN ACTE,

DE LA COMPOSITION

DE M. ANATOLE PETIT,

ARTISTE DE L'ACADÉMIE ROYALE DE MUSIQUE ;

MUSIQUE DE M. TELLE ;

REPRÉSENTÉ, POUR LA PREMIÈRE FOIS, AU THÉATRE DE
SOCIÉTÉ DE LA RUE DE PARADIS, LE 28 DÉCEMBRE 1816,
AU BÉNÉFICE DES INDIGENS DU 7ᵉ ARRONDISSEMENT.

PARIS,
IMPRIMERIE DE J.-L. CHANSON,
RUE MONTMARTRE, Nº 113.

M. D. CCC. XVI.

PERSONNAGES.	ACTEURS.

MAURICE, aubergiste, père de
Fanchette. . . . . M. ALERME.
FANCHETTE, sa fille, amante de
Lucas. . . . . Mⁱˡᵉ AIMÉE ANATOLE.
LUCAS, prétendu de Fanchette. M. COULON.
MATHURINE, fermière, mère de
Lucas. . . . . Mᵐᵉ ***
DE BLAINVAL, officier. . . . M. ANATOLE.
Mᵐᵉ DE BLAINVAL. . . . . Mᵐᵉ ANATOLE.
DORMON, père de Mᵐᵉ de Blainval. M. BREAU.
JOSEPH, valet de M. de Blainval. M. GOSSELIN.
LE TABELLION. . . . . . M. PUPET.
UN CONDUCTEUR D'OURS. . . . . Le même.
UN PETIT SAVOYARD. . . . . EUGÈNE COULON.
UN POSTILLON.

VILLAGEOIS.

MM. LEBLOND, RAGAINE, RICHARD, RICHARD jeune.

VILLAGEOISES.

Mⁱˡᵉˢ HENRIETTE GOSSELIN, LEMIÈRE, VESTRIS, RÉNISH,
CLOTILDE, ADÈLE, BERTRAND.

La scène se passe dans un village près Paris.

LA

RENCONTRE IMPRÉVUE,

BALLET-PANTOMIME.

Le Théâtre représente une campagne près de la grande route; à droite, on voit une auberge; à gauche, on aperçoit l'entrée d'une ferme.

SCÈNE PREMIÈRE.

MAURICE, MATHURINE, LUCAS, FANCHETTE, LE TABELLION.

MAURICE ET MATHURINE font écrire les articles du contrat de mariage de leurs enfans, Lucas et Fanchette; le Tabellion, assis près d'une table, compte les sommes que Mathurine donne pour dot à son fils; Maurice, de son côté, après avoir fait compter son argent, montre son auberge, et fait entendre que ce sera un bon héritage pour les deux nouveaux époux. Lucas et Fanchette se tiennent par le bras, et jouissent d'avance du bonheur qu'ils vont goûter. Maurice et Mathurine s'engagent par un dédit, et la noce tant désirée est fixée au lendemain. Le Tabellion leur dit adieu, et s'en va pour rédiger les articles du contrat. Lucas et Fanchette sont au comble de la joie.

SCÈNE II.

MAURICE, MATHURINE, LUCAS, FANCHETTE.

De jeunes villageois reviennent des champs, Mathurine leur apprend le mariage de son fils avec Fanchette, et permet de suspendre les travaux champêtres jusqu'à ce que la noce soit terminée. Les villageois déposent leurs instrumens d'agriculture, et viennent féliciter Lucas sur son heureux choix. Plusieurs jeunes filles se réjouissent du bonheur de Fanchette; tous ces jeunes gens prennent un à-compte sur les plaisirs du lendemain, ils dansent pour célébrer le mariage de Lucas et de Fanchette.

SCÈNE III.

LES PRÉCÉDENS, M. DORMON ET Mme DE BLAINVAL SA FILLE.

Maurice entend le bruit du fouet d'un postillon; il court au-devant des voyageurs, et reçoit, avec politesse, Monsieur Dormon et Madame de Blainval sa fille; il leur indique son auberge, et les conduit dans un appartement, en se réjouissant d'avoir ces voyageurs.

SCÈNE IV.

LES MÊMES, un Savoyard, conducteur d'ours.

Tous les villageois courent au-devant d'un savoyard qui conduit un ours; ils s'amusent beaucoup de voir cet animal qui, portant un bâton, danse au son de la cornemuse; en plaisantant, ils imitent ses pas, se tenant cependant à une bonne distance de lui. Le conducteur prie Maurice de lui donner un asyle pour la nuit, ainsi qu'à son compagnon de voyage; Maurice ne veut rien entendre, et craint trop que ce voyageur ne chasse les autres; cependant les instances des villageois,

et surtout de Mathurine, lui font consentir à
recevoir ces nouveaux hôtes : il montre une
cabane au conducteur, en lui recommandant
de bien enfermer son compagnon ; le savoyard, enchanté, remercie Mathurine et les
villageois qui ont intercédé pour lui. Mathurine engage les villageois à entrer chez elle
pour se rafraîchir. Maurice va voir si ses
voyageurs ont besoin de ses services.

SCÈNE V.

M.me DE BLAINVAL ET M. DORMON.

Madame de Blainval sort de l'auberge, sui-
vie de son père, M. Dormon ; elle relit avec
attendrissement une lettre, et fait connaître
à son père le grand désir qu'elle a de revoir son époux. M. Dormon lui fait espérer
qu'elle ne tardera pas à jouir de ce bonheur ;
il tire de sa poche une longue vue, et s'en
va sur la montagne à la découverte. Pendant
ce temps, Madame de Blainval contemple
le portrait de son époux. M. Dormon accourt, il vient annoncer à sa fille l'arrivée de
son mari. Madame de Blainval, voulant lui
ménager une surprise, se prive du plaisir
de voler à sa rencontre ; elle supplie son

père de se retirer dans l'auberge, et va se cacher dans la ferme de Mathurine.

SCENE VI.

M. DE BLAINVAL, JOSEPH, son valet, un Postillon, MAURICE.

Un postillon conduisant ses voyageurs, porte avec Joseph la malle de M. de Blainval. Le jeune officier frappe sur l'épaule de Maurice, et le prie de lui servir dehors un bon déjeûner ; en l'attendant, il lit une lettre de sa femme, appelle Joseph, et lui montre le portrait de Madame de Blainval; lui fait connaître l'impatience qu'il a d'être dans son ménage et d'embrasser ses enfans, il lui dit : *Voyage désormais qui voudra.* Joseph s'attendrit aux expressions de l'amour conjugal ; mais bien plus encore à l'aspect du déjeûner qu'il mange des yeux ; il le montre à son maître qui va se mettre à table.

SCÈNE VII.

LES MÊMES, Mme DE BLAINVAL.

Madame de Blainval qui a reconnu avec une grande joie son portrait dans les mains de son mari, s'approche couverte d'un voile. Blainval, à cette jolie tournure, à cette taille élégante, demeure enchanté et surpris. Il n'en est pas de même de Joseph, qui ne voit rien que le déjeûner. Blainval se lève, et salue cette dame; il voit avec un grand plaisir qu'elle habite la même auberge que lui, et, jetant sa serviette, il suit ses pas.

SCÈNE VIII.

JOSEPH, FANCHETTE, LUCAS.

Fanchette et Lucas sortent de la ferme de Mathurine. Joseph, qui les aperçoit, arrête les deux jeunes amans, et leur demande où ils vont. La fille de Mathurine lui dit : Je me nomme Fanchette, *et c'est demain que l'on nous marie.* Joseph dit à Lucas : « *Ta Fan-* » *chette est charmante dans sa simplicité,* » *et sa mine piquante vaut mieux que la* » *beauté.* »

Lucas, jaloux, se met entre Joseph et Fanchette, et souffre avec dépit les complimens que l'on adresse à sa future. Il la remène chez son père.

SCÈNE IX.

BLAINVAL, JOSEPH.

M. de Blainval accourt près de Joseph; il roule dans sa tête le projet d'une intrigue pour calmer les ennuis du voyage, et se met en devoir d'écrire une lettre. Son valet, qui le regarde et l'écoute, reconnaît l'air qu'il a entendu chanter à son maître : « *Écoute-moi, je t'en supplie, objet aimable, objet charmant.*» Il voit que c'est une déclaration en chanson. Lorsque Blainval a terminé sa lettre, il ordonne à Joseph de la remettre à la belle inconnue, et lui donne deux louis pour l'engager à mettre de l'adresse dans son nouveau message; puis il rentre dans l'hôtellerie pour en attendre l'effet.

SCÈNE X.

JOSEPH, FANCHETTE, LUCAS.

Joseph ne sait trop comment faire parvenir le billet de son maître; mais apercevant Fanchette, il l'appelle, et la supplie de vouloir bien se charger de sa commission. Lucas les observe de loin. Fanchette refuse d'abord,

mais Joseph la prie avec tant d'instances,
qu'elle finit par accepter; Joseph lui baise la
main, lui remet la lettre, et sort. Lucas étouffe
de colère, il pense que la lettre est pour Fanchette, et vient l'accabler de reproches. La
fille de Maurice se met à rire. Lucas, qui croit
qu'elle se moque de lui, veut lui prendre la
lettre de force. Fanchette pour badiner ne
veut pas consentir à la lui donner. Elle s'approche de Lucas; celui-ci la repousse, elle se
met à pleurer, et, le laissant dans son erreur,
elle se retire.

SCÈNE XI.

MATHURINE, LUCAS.

Mathurine sort de sa ferme; son fils lui
conte la scène qui vient de se passer, en
lui disant qu'il renonce pour jamais à Fanchette. Mathurine partage sa colère.

SCÈNE XII.

MAURICE, MATHURINE, LUCAS.

Elle voit justement venir Maurice et lui
demande à revoir le dédit qu'elle lui a si-
gné. Après l'avoir arraché de ses mains,

elle le déchire et lui en jette les morceaux au nez. Mathurine, ne voulant pas lui donner d'autre explication, se retire chez elle avec son fils.

SCÈNE XIII.

M. ET Mme DE BLAINVAL.

M. de Blainval amène sa belle inconnue, qui feint de faire beaucoup de difficultés à le suivre. Elle commence par lui rendre sa lettre. L'officier la supplie de l'écouter, en lui exprimant que la beauté qu'il lui suppose excuse l'inconséquence de sa démarche. Il la conjure d'ôter ce voile qui doit cacher tant d'attraits. Toutes les fois que Blainval détourne les yeux, sa femme laisse entrevoir son dépit et promet de le punir de son inconstance. Elle refuse de relever son voile. Blainval devient plus pressant; il se jette à ses genoux, pour obtenir le bonheur de contempler celle qu'il adore. Lucas vient rompre le tête à tête. Madame de Blainval s'enfuit; le jeune officier, confus de n'avoir pu réussir, suit les pas de sa femme.

(Il fait nuit.)

SCÈNE XIV.

LUCAS, JOSEPH, l'ours.

Lucas, qui ne peut éteindre son amour pour Fanchette, vient rôder autour de l'auberge. Joseph, qui croit avoir fait quelqu'impression sur la fille de Maurice, vient aussi faire le troubadour sous sa fenêtre. Lucas l'observe ; Joseph cherche une échelle pour se rapprocher de Fanchette ; il ouvre la porte de la cabane où est renfermé l'ours, ne sachant pas qu'il y a dedans un tel voyageur ; enfin il trouve l'échelle et l'applique sous la croisée. Pendant qu'il monte, Lucas, furieux, tire le pied de l'échelle et le fait tomber par terre ; Joseph se relève et se jette sur son adversaire. L'ours, réveillé par ce tintamarre, vient se mettre de la partie. Joseph pousse Lucas, qui fait la culbute par-dessus l'ours : ce dernier, qui n'entend pas la plaisanterie, se lève sur ses pattes de derrière, et saisit Joseph, qui croyait prendre Lucas. Sa frayeur est au comble de se trouver aux prises avec un tel lutteur ; il veut s'en débarrasser, et roule plusieurs fois à terre avec l'ours.

SCÈNE XV.

TOUS LES ACTEURS.

Aux cris de Joseph, tout le monde accourt avec des flambeaux et des lanternes. Le Savoyard, avec son bâton, parvient enfin à délivrer Joseph, qui rend grâce à la muselière de son adversaire. Mais quelle est la surprise de Blainval, lorsque, dans sa belle inconnue qui a levé son voile, il reconnaît sa femme, et d'un autre côté M. Dormon, son beau-père. Cette rencontre imprévue le couvre de confusion. Il voit qu'il ne lui reste plus rien à faire que d'implorer son pardon; il se jette aux genoux de sa femme. Madame de Blainval lui rappelle sa lettre et consent difficilement à s'apaiser ; cependant, espérant que le cœur de son époux n'a point eu de part à son étourderie, elle lui tend les bras. Maurice veut aussi réconcilier Lucas et Fanchette. Cette dernière explique à son amant que la lettre qu'elle a reçue était pour Madame de Blainval ; Lucas lui demande pardon de l'avoir cru coupable ; Fanchette lui tend les bras ; ils s'embrassent.

La matinée se termine par des danses.
On vient annoncer à M. de Blainval que
les chevaux sont prêts; il part avec son
épouse et Dormon, après avoir laissé aux
villageois des marques de sa générosité.
On reconduit les voyageurs en dansant.

FIN.